LA FOI, UNE ÉTRANGÈRE
DANS LE MONDE MODERNE?

Normand Provencher, o.m.i.

LA FOI, UNE ÉTRANGÈRE
DANS LE MONDE MODERNE?

FIDES

Données de catalogage avant publication (Canada)

Provencher, Normand, 1938-

La foi, une étrangère dans le monde moderne ?

Comprend des réf. bibliogr.

ISBN 2-7621-2067-5

1. Foi.
2, Modernisme (Théologie chrétienne) - Église catholique.
3. Christianisme et civilisation.
4. Église catholique - Doctrines.
I. Titre.

BT771.2.P76   1998   234'.23   C98-941229-6

Dépôt légal : 3ᵉ trimestre 1998
Bibliothèque nationale du Québec

Les Éditions Fides remercient le ministère du Patrimoine canadien
du soutien qui leur est accordé dans le cadre du Programme d'aide
au développement de l'industrie de l'édition. Les Éditions Fides remercient
également le Conseil des Arts du Canada et la Société de développement
des entreprises culturelles du Québec (SODEC).

L'Église ne peut revivre que si elle se laisse défaire. Elle n'est pas à défendre. Il y a une parole à dire qui détruit et recrée en même temps. [...] A-t-on jamais vu un fleuve ne charrier que des eaux claires? Et, cessons de prendre le pouls et la température des hommes, par tant d'enquêtes, sondages et statistiques, pour savoir ce qu'il faut dire, faire. Comme s'il fallait coïncider avec le dehors. Nous savons bien ce qu'il faut faire : coïncider avec la Parole nue. Et lui faire confiance aussi. Car, finalement, nous ne sommes tous que des passants.

(Jean SULIVAN, *Parole du passant*, p. 19)

Introduction

La foi chrétienne est devenue une réalité de plus en plus personnelle et privée. Elle se fait si discrète qu'elle ressemble à l'*étrangère* qui parle une autre langue et qui cherche à être *chez elle* dans son nouveau pays d'adoption. Il est vrai que la foi vient d'*ailleurs*, car elle est un don de Dieu, le Tout Autre. Ses expressions sont marquées par une longue histoire, depuis Abraham, le père de tous les croyants et croyantes, qui quitta son pays et les siens pour une terre lointaine et étrangère. De plus en plus silencieuse et mal à l'aise dans notre monde moderne, la foi chrétienne suscite encore de l'intérêt, du moins de la curiosité. On l'étudie sérieusement dans les universités où on ne cesse de s'interroger sur son impact présent et son avenir. Sur l'internet, on peut consulter plus d'un site sur les diverses institutions chrétiennes. On a l'esprit ouvert dans la modernité et on apprend à apprécier les choses anciennes et exotiques, conservées avec soin dans les musées. On se montre généreux pour l'entretien des églises, ces vestiges d'une autre époque, même si on les fréquente rarement. Nos villages, dont la plupart portent des noms de saints et de saintes, deviendraient tristes sans leurs fiers clochers qu'on admire de loin. Mais la foi chrétienne oriente-t-elle encore nos choix de société? Marque-t-elle notre conduite de tous les jours? Inspire-t-elle les arts et la culture? Est-elle attirante pour les jeunes? Est-ce qu'elle nous aide à vivre dans le monde d'aujourd'hui et à nous réaliser pleinement?

Au retour d'activités pastorales et de célébrations liturgiques, il m'arrive de me dire: «Avec nos liturgies, nos institutions, nos discours, notre morale, que nous sommes coupés du vrai monde!» L'an dernier, j'étais impliqué dans la préparation au mariage d'une vingtaine de couples. Ils étaient sérieux et soucieux de réussir leur mariage. J'ai constaté cependant que ces jeunes adultes avaient presque tout oublié des cours de catéchèse et de la prédication. Quand j'ai demandé pourquoi ils tenaient à célébrer leur mariage à l'église, l'un me répondit: «Je veux que le gars d'en haut soit dans notre vie et qu'il nous aide.» Ces jeunes n'arrivaient pas à trouver les mots pour exprimer leur foi chrétienne, même s'ils tenaient à situer leur projet de vie dans son horizon. La langue de la foi n'est plus leur langue maternelle, mais bien une langue étrangère. Moins ils la parlent à la maison et autour d'eux, moins les mots viennent aisément pour dire leur foi. Ces jeunes ne sont pas chez eux dans tout ce monde des rites chrétiens et des textes bibliques qui sont anciens et souvent déconnectés de leurs intérêts et de leurs soucis.

Le titre de cette conférence m'est venu à l'esprit à la suite de la cérémonie d'adieu de Marie-Soleil Tougas en août dernier. Dans une belle église de chez nous, nous pouvions voir une foule recueillie qui ne manquait pas d'intériorité. Mais nous n'avons pas entendu un seul mot du message de Jésus sur le sens de la mort et pas une seule prière à haute voix. Cette célébration, bien qu'elle fût signifiante et authentique, m'a fait réaliser que la foi chrétienne est devenue une *étrangère* chez nous. À l'approche du 3ᵉ millénaire, serions-nous la dernière génération de chrétiens et de chrétiennes ? Le fossé entre la foi chrétienne et le monde d'aujourd'hui s'élargit sans cesse. Les ponts se font rares. On constate un continuel *décrochage* des contemporains par rapport à la foi chrétienne. Tout se passe en quelque sorte comme si la foi était devenue pour eux, au regard de leurs situations de vie et de leurs aspirations, comme un vêtement trop étroit et démodé pour être porté avec bonheur. Nous devons donc admettre un effondrement du catholicisme en termes de pratiques liturgiques, de transmission de la foi, de vocation à la prêtrise, au moment où le pape Jean-Paul II multiplie textes et encycliques pour maintenir un catholicisme intégral, intransigeant sur certains points, ouvert à la nouveauté sur d'autres. Le christianisme est plus *éclaté* que jamais et nous avons l'impression que la vie des chrétiens et des chrétiennes est ailleurs.

On reproche souvent à l'Église d'être d'un autre âge et de ne pas *moderniser* son discours et ses institutions qui ne semblent plus répondre aux besoins et aux aspirations des contemporains. Nous devons admettre que la pensée catholique, surtout au siècle dernier avec le *Syllabus* de Pie IX (1864) qui condamnait les «erreurs du monde moderne», a véhiculé une appréciation péjorative de la société moderne. Ainsi est né un contentieux entre l'Église et la société moderne qui a atteint un sommet avec la crise du modernisme[1] au

---

1. Par le terme «modernisme», on entend un ensemble de tendances ou de doctrines de quelques penseurs catholiques de la fin du xixe et du début du xxe siècle. Alfred Loisy (1857-1940) en France et George Tyrrell (1861-1909) en Angleterre sont les deux principaux protagonistes du modernisme catholique qui ont tenté de renouveler en profondeur l'exégèse, l'histoire et la théologie dans le sillage de la pensée moderne. Par leur souci d'adapter le christianisme à la modernité et de trouver des points d'accord entre la foi chrétienne et les sciences humaines, ces penseurs en venaient à remettre en question un certain nombre d'affirmations dogmatiques traditionnelles de l'Église. En particulier, ils tendaient à nier toute intervention transcendante de Dieu dans l'histoire et à donner aux dogmes une interprétation variant avec le temps et les circonstances. Le modernisme fut condamné par le décret *Lamentabili* et l'encyclique *Pascendi* (1907) de Pie X. Cette condamnation du modernisme n'a pas favorisé un climat intellectuel sain dans l'Église et a entraîné une mentalité de suspicion à l'égard des théologiens et des exégètes qui n'a pris fin qu'avec Vatican II. Voir Normand Proven-cher, «La modernité dans le projet théologique d'Alfred Loisy», dans *Église et Théologie* 14, 1983, p. 25-45.

début du siècle. Cette tension avait semblé s'atténuer lors du concile Vatican II qui a encouragé le dialogue avec le monde de notre temps. Mais le malaise persiste et il devient de plus en plus aigu depuis quelques décennies. L'Église se montre encore sur la défensive à l'égard de la modernité, accusée de rompre avec ses racines chrétiennes, et en même temps elle est en quête de sa modernité pour mieux réaliser sa mission. La foi chrétienne ne peut pas échapper à la rencontre de la modernité. Les enjeux de cette rencontre ne sont pas seulement d'ordre historique et sociologique, mais aussi théologique, puisqu'ils concernent l'identité du christianisme et l'avenir de la foi chrétienne. Quand nous exprimons le souhait que la foi chrétienne s'ouvre à la modernité, cela veut dire qu'elle devrait adopter avec discernement les manières de penser et de vivre d'aujourd'hui. Mais comment la foi peut-elle se concilier avec le monde moderne sans cesser d'être elle-même et sans perdre sa pertinence ?

Un pied dans la modernité et l'autre dans la postmodernité

Nous imaginons que la modernité commence au Québec avec la *révolution tranquille* des années soixante. C'est vrai dans un sens, car nous vivions jusqu'à ce moment dans une *chrétienté* où l'Église était présente dans toutes les sphères de la société par ses institutions nombreuses et variées. Mais depuis quarante ans, la situation est bien changée et nous n'échappons plus à la modernité.

Comme civilisation et comme mouvement de pensée qui caractérisent l'Occident, la modernité a une origine plus lointaine. Elle débute au xvie siècle, alors que l'individu humain, et non plus Dieu, devient le centre de l'univers. Puis elle se développe à la fin du xviiie siècle et au xixe siècle, avec la révolution démocratique et ensuite la révolution industrielle, pour atteindre son apogée au xxe siècle. La modernité se caractérise par l'essor de la raison qui, libérée des contraintes d'un passé jusque-là inspirateur, devient plus lucide, plus féconde et plus envahissante dans tous les domaines de l'activité humaine. Cette rationalité se distingue par sa manière de façonner le savoir, par sa maîtrise grandissante sur la nature et par le développement des sciences et des techniques qui rendent l'être humain plus autonome et maître de son destin. La modernité se manifeste aussi par les modes de vie, comme le passage des sociétés rurales aux sociétés urbaines, le développement des moyens de production et de communication de masse, l'abondance et la variété des biens de consommation. Elle naît de la prise de conscience collective du changement et du progrès qu'opère la rationalité qui est devenue soupçonneuse à l'égard d'un passé, jugé périmé parce que ses valeurs ne sont plus opératoires ni signifiantes, et aussi à l'égard de toute forme de tutelle qui brimerait son émancipation et son autonomie. Ce qui domine dans la modernité, c'est l'idéal du progrès, un progrès dont on ne voit pas les limites, car on a entre les mains les instruments de la maîtrise de tout, grâce aux sciences et aux technologies.

La modernité n'est pourtant pas le rejet du passé, comme beaucoup l'imaginent, mais le refus de subir sans contrôle l'impérialisme du passé, et la revendication de la liberté d'inventer du nouveau en s'opposant à la force d'inertie de la répétition. Au cours du xxe siècle, les sciences et les technologies ont contribué à améliorer les conditions d'existence des humains et elles ont ainsi favorisé l'essor de la modernité. La modernité, qui ne peut s'expliquer sans ces changements, ne s'identifie pas à eux et les transcende, car elle est une façon de penser, un mode de vie et une mentalité qui ont leurs caractéristiques et leurs valeurs : l'hégémonie de l'efficacité mesurable, la suprématie de la structure sur le contenu, la promotion de la rationalité et de l'activité au détriment de la sagesse et de la contemplation, la valorisation du consensus et de l'opinion publique qui l'emporte sur la vérité.

Depuis quelques années, nous constatons cependant que les sociétés modernes sont incapables de répondre aux espérances qu'elles ont suscitées. Elles provoquent ainsi un *désenchantement* qui s'exprime par un désarroi des valeurs et un vide spirituel. Des penseurs parlent de la *fin de la modernité* et de l'entrée dans la *postmodernité* pour signifier cette crise de la modernité résultant des déceptions et des craintes que suscite un développement aveugle des sciences et des technologies. On est devenu plus lucide et plus critique à l'égard des réussites voulues pour elles-mêmes au détriment du bien de l'individu. Notre époque a développé une conscience plus vive des limites de la raison instrumentale, en dépit de ses réussites dans le domaine technico-économique. On est de plus en plus sceptique à l'égard des réussites de la modernité et on est en quête d'une rationalité qui tiendrait compte des composantes esthétiques, éthiques et même religieuses de l'activité humaine. Ainsi nous sommes témoins d'une recherche de spiritualité et de mysticisme, d'une ouverture à la symbolique et d'une acceptation de l'ambiguïté. Contre une rationalité, qui a la prétention de l'objectivité, les contemporains réhabilitent l'imagination et l'émotion, ils prennent le risque de vivre avec des questions non résolues de façon claire et ils reconnaissent leur vulnérabilité et l'importance de la gratuité dans les relations humaines. Cet éclatement de la modernité caractérise la modernité de la fin de notre siècle et il marque un tournant dans notre histoire. C'est dans ce sens que nous pouvons affirmer que nous avons toujours un pied dans la modernité et l'autre dans la postmodernité. Ainsi nous sommes à l'heure d'une négociation inédite entre la modernité et la foi chrétienne.

Vatican II : le dialogue avec le monde moderne

Pour dépasser le tragique malentendu entre l'Église et le monde moderne et pour permettre à la foi chrétienne une plus authentique conscience de son identité, Jean XXIII convoqua un concile œcuménique qui se tint de 1962 à 1965. Cette initiative répondait à l'attente de plusieurs théologiens et de nombreux groupes de chrétiens qui, depuis quelques décennies déjà, avaient cherché, à leurs risques, à rapatrier la foi dans le monde moderne où ils étaient engagés activement. Les mouvements d'Action Catholique avaient encouragé les chrétiens à aller vers le monde et avaient favorisé l'éclosion des théologies des réalités terrestres. Jean XXIII avait perçu que l'humanité était au tournant d'une ère nouvelle et qu'un renouveau de l'Église était nécessaire pour qu'elle puisse être fidèle à sa mission.

Dans le discours d'ouverture du concile, le 11 octobre 1962, Jean XXIII affirmait que l'Église ne devait pas se détourner «de l'héritage sacré de vérité qu'elle a reçu des anciens» et il l'invitait «à se tourner vers les temps présents, qui entraînent de nouvelles situations, de nouvelles formes de vie et ouvrent de nouvelles voies à l'apostolat catholique[2]». Cette nouvelle situation du monde, poursuit Jean XXIII, exige du magistère

---

2. *Documentation catholique* 59, 1962, c. 1382.

conciliaire qu'il soit «éminemment pastoral» et qu'il reformule de façon nouvelle le dépôt de la foi : «Il faut que cette doctrine, certaine et immuable, qui doit être respectée fidèlement, soit approfondie et présentée de la façon qui répond aux exigences de notre temps[3] ».

À Vatican II, l'Église décida de se réformer, de se rajeunir et d'être présente au monde actuel en dialoguant avec lui. Elle adopta une attitude positive à son égard, en acceptant de faire route avec lui, de collaborer et même de recevoir de lui, en vue du bien de l'humanité. Au lieu de mépriser le monde actuel ou encore de le condamner, le Concile promeut le dialogue avec lui. Ce dialogue est possible si l'Église consent à regarder attentivement le monde : «l'Église a le devoir, à tout moment, de scruter les signes des temps et de les interpréter à la lumière de l'Évangile[4]». Tout au long des travaux conciliaires, l'expression «signe des temps» est apparue comme un de ces mots clés qui, à un moment privilégié, donnent le sens d'une recherche et permetent d'exprimer une valeur nouvelle. Suivant l'orientation déjà fournie par Jean XXIII dans *Pacem in terris* sur les signes des temps, le Concile invite les croyants à découvrir la voix de Dieu dans la voix du temps. Dans les phénomènes historiques, sociaux et politiques, qui

---

3. *Documentation catholique* 59, 1962, c. 1383.
4. *Gaudium et spes*, 4, 1.

caractérisent une époque, les croyants peuvent discerner des manifestations de l'action de l'Esprit dans l'histoire : «L'Esprit de Dieu, qui, par une providence admirable, conduit le cours des temps et rénove la face de la terre, est présent à cette évolution[5]». À Vatican II, l'Église montre qu'elle ne boude plus le monde contemporain ; au contraire, elle veut le rencontrer et dialoguer avec lui. C'est une expérience nouvelle pour l'Église qui ne voulait plus être une étrangère dans la société d'aujourd'hui. La Constitution pastorale *Gaudium et spes* marque un point tournant de l'attitude de l'Église à l'égard du monde moderne. On peut voir dans Vatican II une véritable réconciliation avec le monde moderne, monde non plus méprisé mais à accepter et à aimer. La foi chrétienne reconnaît alors l'autonomie des réalités humaines, la valeur de la démocratie, de la raison en général, du progrès scientifique et technique.

Tout en étant au service du monde, l'Église admet qu'elle reçoit de lui[6]. C'est la première fois de son histoire qu'elle prononce de tels aveux de façon aussi explicite et officielle. Le monde en effet offre à l'Église les trésors de culture qui lui permettent une meilleur connaissance de l'être humain et qui ouvrent de nouvelles voies à la vérité. Les cultures sont aussi des langages qui permettent à l'Église d'annoncer au monde

---

5. *Gaudium et spes*, 26, 4.
6. *Ibid.*, 44.

l'Évangile d'une manière appropriée. À son tour, chaque peuple exprime le message chrétien selon le mode qui lui convient. L'Église profite aussi du développement des communautés humaines au plan familial, culturel, économique, social et politique. Elle reconnaît même, à un moment où les choses vont si vite et où les façons de penser sont très variées, qu'elle « a particulèrement besoin de l'apport de ceux qui vivent dans le monde, qui en connaissent les diverses contributions, les différentes disciplines, et en épousent les formes mentales, qu'il s'agisse des croyants et des incroyants[7] ». Vatican II a donc promu une attitude d'accueil et d'ouverture au monde actuel qui a connu un moment de vérité dans les discussions sur la liberté religieuse où s'affrontèrent la revendication de vérité à laquelle l'Église ne pouvait renoncer et le phénomène typiquement moderne de la pluralité des expériences religieuses. Dans le texte final de la déclaration *Dignitatis humanæ*, le principe de la liberté religieuse est fondé sur la dignité de la personne humaine et sur la liberté de l'acte de foi. Cette déclaration conciliaire répond aux attentes du monde moderne qui promeut la liberté individuelle.

Le dialogue avec le monde actuel, qui constitua l'une des préoccupations les plus significatives de

---

7. *Gaudium et spes*, 44, 2.

Vatican II, reste toujours un objectif dans l'Église, se révélant toutefois plus complexe qu'on ne l'avait pensé au moment du Concile. Le synode extraordinaire de 1985 affiche une certaine réserve à l'égard de l'ouverture de l'Église au monde, même s'il reconnaît l'importance et l'actualité de la Constitution pastorale *Gaudium et spes*. Depuis quelques années, l'Église est parfois sur la défensive et il lui arrive de rêver à un retour au passé ou à une certaine restauration. Mais en dialoguant avec le monde moderne et les grandes religions, l'Église est poussée à mieux discerner sa mission, car le processus de tout dialogue honnête amène toujours ses partenaires à retrouver leur identité.

L'euphorie postconciliaire a été de courte durée et l'Église fut de nouveau ramenée à la dure réalité. La rupture entre l'Évangile et la culture moderne était plus profonde qu'on ne l'avait cru. L'année 1968 a été un tournant d'une ampleur inattendue qui a orienté le processus du renouveau dans une direction discutable, mais en mettant en lumière l'inaptitude du catholicisme à une discussion créa-trice avec le monde moderne. Les années qui suivirent le Concile furent marquées par la baisse rapide de la pratique religieuse et par l'effondrement des entrées dans les séminaires et les noviciats[8].

---

8. En 1960, le curé de mon village pouvait déclarer : « Cette année, tous mes paroissiens et paroissiennes ont fait leurs Pâques ». Au noviciat des Oblats, en 1957-1958, nous étions 49 novices ; cette

Ces faits traduisent une situation de malaise ou de crise qui vient, pour une large part, de ce que plusieurs idées du Concile, très présentes et actives dans l'esprit des fidèles, n'ont pas trouvé les structures et les institutions adéquates qui auraient permis leur mise en application. Ces idées nouvelles sont celles de Peuple de Dieu, de collégialité, de coresponsabilité, de la relative autonomie des Églises locales, de la place des femmes dans les ministères, de l'ouverture au monde. Il faut bien admettre que ni le Concile ni Paul VI et Jean-Paul II n'ont suffisamment changé les institutions de l'Église qui correspondent de moins en moins aux attentes et aux besoins des gens d'aujourd'hui.

La foi chrétienne dans un monde d'au-delà de la religion

Au moment où Vatican II invitait l'Église à dialoguer avec le monde moderne, plusieurs voix, notamment celle de la sociologie, sonnaient le glas de l'élimination, du moins tendancielle, de la religion dans le monde contemporain. Dans le prolongement de la théologie de D. Bonhoeffer, on réconfortait les chrétiens en leur prêchant que la fin de la religion leur permettrait de

---

année, en 1998, on compte un seul novice. Plusieurs communautés religieuses et plusieurs diocèses n'ont aucun candidat depuis quelques années.

retrouver la foi à l'état pur et de la vivre dans le monde adulte et autonome de la cité séculière. Les discussions sur la sécularisation ont favorisé la prise de conscience de la perte d'influence de la religion dans la société, et du remplacement de la vision religieuse du monde par la pensée scientifique. En Occident, il était devenu manifeste que la religion, comme institution, tenait de moins en moins de place dans la société. La sécularisation est l'impact le plus visible de la modernité dans la société contemporaine. Nous avons encore des écoles *catholiques,* mais dans les faits elles ne sont plus des lieux de transmission de la foi chrétienne.

Il y a quelques années, le débat sur la sécularisation a été soulevé de nouveau par Marcel Gauchet qui a fait l'histoire politique de la religion et qui a conclu à la fin de son rôle social. On peut ne pas être d'accord avec lui sur plus d'une affirmation, mais son constat de la fin du rôle social de la religion correspond à la réalité.

Selon M. Gauchet, «derrière les Églises qui perdurent et la foi qui demeure, la trajectoire vivante du religieux est au sein de notre monde pour l'essentiel achevée[9]». La fin de la religion, poursuit-il, ne se juge pas au dépérissement de la croyance, mais «par la recomposition de l'univers humain-social non seulement en

---

9. Marcel GAUCHET, *Le désenchantement du monde.* Une histoire politique de la religion, Paris, Gallimard, 1985. p. I.

dehors de la religion, mais à partir et au rebours de sa logique religieuse d'origine». Il considère la religion «comme un phénomène historique, c'est-à-dire défini par un commencement et une fin, c'est-à-dire correspondant à un âge précis de l'humanité, auquel en succédera un autre[10]». La religion, et plus précisément le catholicisme, a joué un rôle unique en Occident dans l'émergence de la modernité. La religion apparaît comme la condition historique de notre monde. Bien que ce monde ne soit pas sans désenchantement, il est préférable à toute religion, car il n'est pas de religion qui n'assujettisse l'être humain à un «Autre», à un «Dehors». La fin de la religion et l'avènement du sujet libre ne sont pas le paradis: «Nous sommes voués à vivre désormais à nu et dans l'angoisse ce qui nous fut plus ou moins épargné depuis le début de l'aventure humaine par la grâce des dieux[11]». Il y a un désenchantement du monde avec la disparition de la religion, mais l'homme est lui-même, indépendant, autonome. Il est moderne.

On pourrait contredire, du moins nuancer, cette thèse de la fin de la religion par le phénomène du «retour du religieux» exprimé de diverses façons depuis une vingtaine d'années. Ce «retour de Dieu» est d'autant plus étonnant qu'il se réalise dans un contexte

---

10. M. Gauchet, *Le désenchantement du monde*, p. 10
11. *Ibid.*, p. 302.

d'indifférence religieuse massive en Occident où la modernité a réussi à s'imposer. Par contre les idéaux de progrès sont fortement ébranlés et on constate que l'avenir de l'humanité est de plus en plus menacé et incertain. La modernité crée ainsi un espace pour des voies ou des recherches de sens, de réalisation de soi et de salut. D'où ces expressions d'un retour du religieux que nous pouvons interpréter comme les derniers soubresauts de la fin de la religion, ou comme des protestations à l'égard de la modernité qui n'a pas réussi à combler les attentes des contemporains et qui a creusé un vide spirituel. Même si le retour du religieux peut être considéré comme une réaction au désenchantement à l'égard de la modernité, il me semble que Dieu « continue de s'éloigner » et que l'éclipse des religions institutionnelles se fait de plus en plus totale.

**Vers une inculturation
de la foi chrétienne à la modernité**

Au lieu d'interpréter la modernité comme un obstacle ou un défi ruineux, pourquoi ne la considérons-nous pas comme une chance et une nouvelle voie d'avenir pour la foi chrétienne en provoquant cette dernière à dévoiler plusieurs de ses virtualités cachées ou paralysées ? Le champ actuel de la mission de l'Église, son pays de mission, c'est le monde d'aujourd'hui, le monde moderne dans lequel nous vivons et que nous voulons toujours améliorer. Si la foi chrétienne apprend à jouer sans peur et sans naïveté le jeu d'une relation positive avec le monde d'aujourd'hui, elle y puisera une énergie renouvelée et elle ouvrira une nouvelle page d'histoire.

Comment nous, les chrétiens et les chrétiennes, sommes-nous appelés à réagir dans un monde marqué par «la sortie de la religion»? Certains sont peut-être tentés de se réfugier au désert, c'est-à-dire de quitter ce monde, pour créer un milieu où ils seront plus à l'aise comme croyants. C'est une tentation qui a toujours guetté les chrétiens au cours des âges et cette tendance pourrait expliquer pour une part le succès de sectes et de certains mouvements réactionnaires. Nos orientations pastorales sont prises trop souvent dans une perspective de repliement et d'aménagement d'une décroissance en douce qui fera le moins de mal possible. Nous manquons de lucidité et d'audace pour inventer du neuf et prendre des intiatives d'avenir. Nous n'avons pas fait le deuil de la mort de plusieurs de nos institutions et nous pensons finalement que tout va pouvoir encore continuer comme autrefois si nous déplaçons les meubles.

La foi chrétienne peut-elle se transmettre au monde d'aujourd'hui, où la religion n'a plus la première place? Même si la religion n'inspire plus la marche de la société et de ses institutions, ne concluons pas hâtivement que les contemporains ne peuvent pas être chrétiens. Sans vouloir valoriser de façon simpliste le rôle purificateur de la modernité et de l'indifférence religieuse, il m'apparaît possible que la foi chrétienne puisse se délester de certaines formes du christianisme historique et s'incarner dans de nouvelles expressions. En mots plus simples, nous avons l'occasion de faire dans l'Église d'aujourd'hui un grand ménage du printemps. Nous ne sommes pas les derniers chrétiens, mais plutôt les derniers témoins d'un certain type de christianisme et les précurseurs d'un nouvel avenir de la foi chrétienne. En effet, comment pouvons-nous décréter qu'une culture donnée, et aujourd'hui la culture moderne marquée par la sécularisation, soit totalement inconciliable avec le message de l'Évangile ? Nous sommes invités à promouvoir de nouvelles expressions de l'Évangile, qui exigera des actualisations inédites de son message et aussi une contestation de certaines réalisations de la modernité. Le christianisme peut apprendre à vivre dans la modernité ; il a beaucoup à lui donner et à recevoir d'elle.

Nous faisons appel ici au concept d'*inculturation*, un concept théologique employé officiellement pour la première fois, en 1977, dans le message au peuple de Dieu du Synode romain des évêques sur la catéchèse[12]. Jean Paul II est le premier pape à avoir utilisé le terme « inculturation » dans son encyclique *Slavorum Apostoli* (n° 21) en 1985. Par inculturation, nous entendons le

---

12. *Documentation catholique*, 74, 1977, p. 1018.

processus par lequel l'Évangile s'insère dans une culture particulière où il prend racine de sorte qu'il produit des fruits nouveaux. L'inculturation est la réponse inédite d'une culture donnée à la première annonce de l'Évangile, puis à l'évangélisation continue[13].

L'inculturation de l'Évangile est dans la logique du mystère de l'incarnation du Fils de Dieu en Jésus de Nazareth. C'est la mission de l'Église « d'évangéliser, — non pas de façon décorative, comme par un vernis superficiel, mais de façon vitale, en profondeur et jusque dans leurs racines, — la culture et les cultures de l'homme[14] ». Or jusqu'à un passé récent, l'évangélisation et l'inculturation s'adressaient aux pays et aux cultures non encore touchés par l'Évangile. L'Asie et l'Afrique étaient les principaux champs de l'activité missionnaire de l'Église. Mais avec la déchristianisation et la sécularisation en Occident, l'Église se doit d'évangéliser la culture moderne qui est devenue étrangère au christianisme, bien qu'elle soit issue d'une Europe

---

13. Michaël Amaladoss, *À la rencontre des cultures. Comment conjuguer unité et pluralité dans les Églises?*, Paris, Les Éditions de l'Atelier/Les Éditions Ouvrières, 1997 ; Marcello de Carvalho Azevedo, *Inculturation and the Challenge of Modernity*, Roma (Centre « Cultures and Religions »), Pontifical Gregorian University, 1982 ; René Jaouen, « Les conditions d'une inculturation », dans *Lumière et Vie*, 23/168, 1984, p. 29-41 ; Achiel Peelman, *L'inculturation* (Coll. *L'horizon du croyant*), Paris, Desclée/Ottawa, Novalis, 1988.

14. *Evangelii nuntiandi*, 20.

culturellement chrétienne. Paul VI avait perçu claire-
ment que « la rupture entre Évangile et culture est sans
doute le drame de notre époque[15] ». Or l'enjeu de
l'inculturation est de libérer la foi chrétienne de repré-
sentations culturelles surannées ou trop étroites qui en
bloquent l'accès et de discerner les connivences nouvelles qui peuvent apparaître entre la culture moderne
et les ressources de la tradition chrétienne. L'inculturation rend possibles, aux gens d'ici, une expérience
et une intelligence renouvelée du message évangélique,
de sa saveur, de sa vigueur et de sa dimension salutaire
pour l'existence.

La modernité, comme culture, est le nouveau
champ à ensemencer de l'Évangile. C'est en ce sens que
j'ose parler d'inculturation de la foi chrétienne à la
modernité. C'est un projet d'évangélisation qui prend
forme de façon encore bien discrète, qui n'est pas
encore planifié, mais dont dépend l'avenir du christianisme. Dans la réalisation de ce projet, il nous est
nécessaire d'être attentifs au message chrétien sur Dieu
et sur l'être humain en tenant compte du contexte de la
modernité qui s'affranchit de la religion. Il faut vraiment
atteindre les fondements, les racines de la culture
moderne, c'est-à-dire le sens que les contemporains
donnent à leur existence dans le monde. On

---

15. *Evangelii nuntiandi*, 20.

n'évangelisera pas les gens d'ici en faisant fi de leur culture, moins encore contre leur culture. Mais leur culture, elle aussi, a besoin d'être ouverte à une autre chose qu'elle-même. Nous n'échappons pas cependant à la culture moderne, aux façons de penser, aux styles de vie de ce monde, et c'est dans ces données que nous aussi nous entendons plus ou moins bien la Parole de Dieu.

Il ne s'agit pas d'une adaptation superficielle où la foi chrétienne se donnerait un vernis moderne avec le risque de perdre son identité. Au contraire, l'Évangile doit être proclamé sans détour dans toute sa vérité et ses exigences en acceptant de se dépouiller de certaines expressions liées à l'histoire et aux cultures du passé. Et la culture moderne doit s'ouvrir à l'Évangile, l'accueillir, le faire sien et lui donner ainsi l'occasion de porter de nouveaux fruits.

Abordons quelques exemples d'inculturation de la foi chrétienne à la modernité.

Du Dieu utile au Dieu de la grâce

Dans un monde de plus en plus sécularisé, Dieu apparaît inutile. La foi chrétienne est confrontée à la question: «Dieu est-il nécessaire?» En posant de façon aussi franche la question de la nécessité de Dieu dans le contexte de la modernité, on répond par la négative: «dans l'horizon du monde, Dieu est mondainement non nécessaire[16]». Oui, on n'a pas besoin de Dieu pour aller sur la lune, faire des transplantations cardiaques et voyager plus vite que le son. Dans la modernité, l'homme prend conscience de son autonomie et il montre qu'il peut vivre humainement sans Dieu. Des hommes, des femmes se tiennent debout sans la foi chrétienne. Ils ne comptent plus sur Dieu pour affronter leur souffrance et leur culpabilité, mais ils ont d'autres recours. La non-nécessité de Dieu pour la réussite de la vie humaine est une dimension de la modernité. Le théologien E. Schillebeeckx l'affirme nettement:

> Depuis les Lumières, mais surtout après, il est apparu de plus en plus clairement qu'il n'était pas besoin d'un Dieu pour que le monde, l'homme, la société suivent leur cours. La vie humaine n'a pas besoin d'une foi en Dieu pour avoir du sens[17].

Mais il faut préciser aussitôt qu'il s'agit d'un Dieu utile, d'un Dieu garant de l'ordre social, d'un Dieu en compétition avec l'être humain et jaloux de sa liberté et de son autonomie. Mais est-ce le Dieu de l'Évangile? Dans la modernité, la prédication chrétienne est appelée à montrer que la puissance de Dieu est encore plus

---

16. Eberhard Jüngel, *Dieu mystère du monde,* T. I, Paris, Cerf, 1983, p. 23.

17. Edward Schillebeeckx, *L'histoire des hommes, récit de Dieu* (coll. *Cogitatio fidei*, 166), Paris, Éditions du Cerf, 1982, p. 161.

extraordinaire car elle est celle de l'amour: «Seul l'amour est tout-puissant. Il faut donc voir dans la seigneurie de Dieu le régime de sa miséricorde et en conséquence dans le droit de Dieu celui de la grâce[18].» En ouvrant largement aux hommes et aux femmes d'aujourd'hui l'espace de leur autonomie, la modernité les situe dans la ligne du dessein du Dieu créateur et sous le signe de l'Ascension. En effet, en créant le monde Dieu s'efface et il confie la création aux mains des hommes et des femmes parce qu'il accepte de leur faire confiance. En disparaissant aux yeux de ses disciples, le Ressuscité leur donne toute la place et il les envoie construire un monde inspiré de son Évangile. Dieu est discret, sa présence est silencieuse, mais il n'est pas absent de notre histoire. Lorsqu'il semble se taire et parfois s'absenter, c'est nous qui sommes ailleurs et distraits.

Permettez-moi de souligner le danger que constitue pour le monde lui-même le fait de faire appel à une religion dans une optique utilitaire. Dans un passé que nous avons tous à la mémoire, l'accord entre, d'une part, la volonté d'utiliser la religion pour des causes nationales et sociales et, d'autre part, le désir de rendre ainsi la religion utile ont donné lieu à de honteuses collaborations entre des régimes oppressifs et des

18. E. JÜNGEL, *Dieu mystère du monde*, t. I, p. 31.

milieux chrétiens. Pensons aussi à l'Islam d'aujourd'hui qui illustre le danger qu'il y a à mettre la religion au service de causes humaines. On finit alors par rendre absolues les religions et par détruire les valeurs humanitaires qu'on voulait sauver de la corruption. Quant à la foi chrétienne elle-même, en voulant d'abord être utile au monde, elle risque de s'abolir finalement. La foi qui tient à être essentiellement pour le monde en vient à écouter le monde plutôt que Dieu. Non pas que la foi qui écoute Dieu n'écoute plus le monde ; elle l'écoute autrement. Si la religion écoute d'abord le monde, elle en vient à ramener Dieu au «divin» abstrait qui habite quelque part les faubourgs du monde.

Dans la modernité, nous avons l'occasion de redécouvrir le Dieu de l'Alliance qui propose de se donner à nous de façon gratuite et dans le respect de notre liberté et de notre autonomie. Dieu est non utile et non nécessaire, puisqu'il est l'inconditionné, mais il peut se déterminer à se donner. En Jésus Christ, Dieu se fait infiniment proche de nous tout en restant entièrement mystérieux et discret. C'est le message de la révélation judéo-chrétienne. D'autre part, même si l'être humain peut vivre sans Dieu, cela ne veut pas dire nécessairement qu'il veut être sans Dieu. Dans l'expérience même de le connaître et de l'aimer, nous découvrons une mystérieuse affinité, une sorte de re-connaissance qui nous fait pressentir que notre cœur est fait pour lui et que nos recherches de sens s'orientaient ultimement vers lui. La foi chrétienne n'est pas un article de luxe, ni la simple réponse à un besoin religieux, mais plus profondément la libre réponse à une initiative de Dieu que Jésus nous a révélée et qui dépasse les besoins et les attentes des humains. Elle se rapporte au Dieu de la gratuité, qui étonne et qui surprend. La révélation de l'inattendu ne peut-elle pas éveiller l'indifférence religieuse d'aujourd'hui à un *goût* de Dieu? À cette question, P. Valadier apporte cette réponse éclairante:

> Si le trésor de la foi a un sens, c'est bien celui d'ouvrir à un monde inattendu, déroutant, qui ne vient pas comme un objet de consommation qu'on pourrait trouver ailleurs ni pour «expliquer», en concurrence avec ce que la connaissance humaine, scientifique par exemple, peut fournir[19].

Le Dieu à faire découvrir aujourd'hui n'est pas le Dieu qui vient agir à notre place, ni le Dieu objet de consommation et d'expérience parmi bien d'autres, ni le Dieu à notre mesure, mais le Dieu de la gratuité, le Dieu de la vérité et de l'amour, le Dieu de la démesure qui nous aime jusqu'à se donner lui-même à nous pour y faire sa demeure.

Dans le contexte actuel, le message chrétien doit montrer que Dieu aime le monde moderne et qu'il y est

---

19. Paul VALADIER, «Société moderne et indifférence religieuse», dans *Catéchèse*, 1988, n° 110, p. 75.

présent et agissant dans une certaine absence, une absence manifestée dans le Dieu qui se laisse crucifier. Sur la croix, Dieu révèle sa présence et sa solidarité aux humains qui souffrent et qui meurent. C'est dans un événement non religieux, la mort d'un innocent, que Dieu se dit. À ce moment, le voile du Temple se déchire. Oui, c'est la fin du Temple, de la religion du sacrifice et de la Loi. Mais l'unique vrai Dieu est là avec tous les crucifiés du monde, tous ceux et celles qui souffrent et qui meurent injustement. Si Dieu est entré dans notre histoire en Jésus de Nazareth, la foi chrétienne a toujours sa place dans notre temps.

La primauté de la personne sur le progrès

Le christianisme n'est pas né dans le Temple, ni dans les écoles des scribes et des docteurs de la Loi, mais sur les routes, dans les maisons, sur les places publiques, là où à l'époque se tenaient les pauvres, les malades, les marginalisés. Dans sa première encyclique, Jean-Paul II l'affirmait nettement : « l'homme est la première route et la route fondamentale de l'Église » (*Redemptor hominis*, 14). L'Église doit se faire proche de tout être humain sans exception. Et la foi chrétienne a son mot à dire sur l'être humain épris de progrès, de maîtrise sur le temps et l'espace, mais qui fait maintenant l'expérience de la peur et du désenchantement, car il a mis en branle des techniques qui échappent à son contrôle et qui menacent même sa survie. Et ici, ne pensons pas seulement à la bombe atomique, car bien des réalisations technologiques mettent en danger notre avenir.

L'homme moderne, qui a peur devant ses propres réussites et qui se questionne sur son avenir, peut-il être rejoint par la foi chrétienne? Il faudrait d'abord commencer par remplacer la peur devant une science aventureuse par l'indignation devant le gâchis d'humanité que nous sommes en train de faire. Persuadée de la valeur sacrée de chaque personne, la foi chrétienne aide à faire reconnaître le fait de millions de frères et de sœurs en humanité à qui sont refusées des conditions d'existence leur permettant de vivre comme personnes humaines. Devant les possibilités pratiquement illimitées de la technique, la foi chrétienne peut lancer la consigne de renoncer à toutes les techniques sauf celles de produire des conditions rendant possible la promotion des qualités de vie nécessaires à l'existence humaine. Le progrès de la science et de la technique ont certes amélioré les conditions de vie pour une large part de l'humanité. La foi chrétienne encourage en un sens la maîtrise sur les éléments car elle sait que l'homme et la femme sont appelés à achever la création. Mais d'autre part elle doit toujours rappeler la valeur unique de chaque personne et qu'aucune ne saurait être sacrifiée sous le prétexte d'un progrès qui devient aveugle. Il est urgent de faire entendre ce message dans le monde de la commu-nication et de l'informatique, où on est en train de créer une massse de nouveaux «illettrés» et aussi dans le courant de la mondialisation des marchés et de la fusion des grandes entreprises qui ne laisse plus de place à ce qui est *petit* et *local*. Ainsi, beaucoup d'hommes et de femmes seront sacrifiés sous le prétexte du progrès scientifique et économique.

Dans le monde de la science, de la technologie et de l'économie, les chrétiens et les chrétiennes ont la mission de sauver l'être humain et de promouvoir un projet d'humanité. Quelle humanité et quelle société voulons-nous ? La technique est devenue à elle-même sa propre fin et elle ne se soumet qu'à la seule loi de son développement et de ses possibilités. Nous ne pouvons plus admettre qu'il appartient à la science seule, ni même aux politiciens et aux juristes, de décider de la question du sens de l'existence humaine. Il faut désormais tenir compte des intérêts généraux de la collectivité et de chaque être humain. Régulièrement, les journaux nous annoncent la création de comités ou de groupes assurant une certaine vigilance sur le déroulement des recherches, ou des *virages* administratifs de nos institutions. Il devient donc urgent que la foi chrétienne fasse entendre sa voix et qu'elle collabore avec la science, la politique et l'économie à faire naître un projet d'humanité où la personne n'est plus enfermée dans une rationalité étroite. L'Église d'ici a la mission d'aménager des espaces nécessaires à la délibération réfléchie et à la discussion responsable. Le message chrétien, qui concerne l'être humain et la société, n'aura de portée que s'il devient communautaire et trouve des instances d'expression publique dans l'Église.

Sans remettre en cause les acquis valables de la modernité, la foi chrétienne peut aider à corriger ses limites et ses dérives. Nous sommes aujourd'hui plus réalistes qu'il y a trente ans, car nous expérimentons que la modernité n'est pas synonyme de paix, de bonheur et de progrès pour tous. Le message chrétien nous aide à voir et à identifier les limites de la modernité en rappelant des vérités qui sont encore si souvent oubliées. Il nous rappelle l'égale dignité des personnes et nous permet de nous opposer aux diverses formes de tyrannie idéologique d'ordre racial, religieux et politique. C'est pour avoir violé le principe de l'égale dignité des personnes que le XXe siècle a engendré tant de guerres et de monstruosités. La foi chrétienne nous permet aussi de dénoncer la prétention d'une raison qui finit par exclure de la réalité ce qu'elle ne parvient pas à comprendre, qui devient irrationnelle à force d'être rationaliste et qui bannit froidement tout ce qui n'est pas rentable. L'ouverture aux valeurs spirituelles et transcendantes est aussi nécessaire à l'existence humaine que le bien-être, les progrès matériels et le déficit «0».

La foi chrétienne rappelle sans cesse le rôle unique et irremplaçable de chacune des personnes, même si elles ne répondent pas aux critères de succès, de compétence, de rentabilité que la société moderne se plaît à mesurer de façon scientifique et statistique.

Sans triomphalisme, la foi chrétienne a la mission d'accompagner la modernité, de la défendre contre ses détracteurs, de critiquer ses erreurs en s'inspirant de l'Évangile. Pour réaliser cette tâche, les Églises chrétiennes doivent travailler ensemble, se convaincre de l'urgence qu'il y a à être présentes au monde d'aujourd'hui et accepter de se tourner avec sympathie vers cette société moderne dans laquelle le Seigneur les appelle à être témoins. Nous osons affirmer que la foi chrétienne est un partenaire qui peut apporter beaucoup à l'avenir de notre culture moderne, «pour que cet avenir ne soit pas simple dérive, perte de mémoire, éclatement des régionalismes de la science, enfermement dans le système, et au bout du compte renoncement à la question critique qui a accouché de la modernité[20]». Pour jouer ce rôle de partenaire d'avenir de la culture moderne, la foi chrétienne ne doit refuser aucune remise en question, ni s'enfermer dans les chantiers que lui a légués son passé ; au contraire, elle doit cultiver la rencontre et le dialogue avec les rationalités modernes et partager, sur plus d'un point, leurs orientations, leurs problèmes et leurs intérêts.

---

20. Joseph MOINGT, «Théologie en recherche», dans *Esprit*, 1986, nº 113-114, p. 198.

Le besoin et la recherche d'intériorité

Dans le monde moderne, on va toujours plus vite et on cherche sans cesse à sauver du temps, mais pourquoi? On a toujours plus d'informations sur tout ce qui se passe sur la planète, mais pourquoi? On a à sa disposition de plus en plus de biens de consommation, mais pourquoi? Comment vivre une vie humaine sans chercher à donner un sens à ce que l'on vit individuellement et collectivement? L'être humain ne se définit pas seulement en termes de besoins et d'échanges dans la ligne de ses utilités sociales et de sa sécurité présente. Il se définit en termes de désir et de dépassement de ses désirs. Il n'accède à lui-même et ne s'humanise qu'à travers tout un réseau de relations symboliques qui lui permettent de faire l'expérience de son manque et d'accéder à l'altérité qui peut le combler. L'avancement de la science et de la technique ont certes contribué à améliorer les conditions de vie pour la majorité des humains. Mais d'autre part, il y a des dimensions entières de l'existence humaine qui sont oubliées et parfois mutilées. Nous ressentons souvent un vide de l'âme, un besoin d'intériorité et une soif de profondeur et de spiritualité, une recherche de sens laissée en suspens.

L'Église, qui est au service de la vitalité de la foi chrétienne, a une mission irremplaçable à remplir, car autrement on se met en quête de toutes sortes d'alibis aux apparences de spiritualité et de religion. Si on croit encore, par exemple, en Dieu, ce n'est pas en un Dieu personnel, mais à une *énergie* diffuse. Ou encore on accepte Jésus Christ comme l'un des guides spirituels de l'humanité, au même titre que Bouddha et Zarathoustra. Quant à la résurrection, on l'interprète dans le sens de la réincarnation. Cet éclatement des croyances manifeste que le champ religieux s'autonomise par rapport aux grandes vérités du christianisme. On est *croyant* et même *chrétien* sans l'Église. L'Église n'est plus, en quelque sorte, le passage obligé pour l'expression des aspirations religieuses et du besoin d'intériorité. Le développement de l'ésotérisme, des gnoses, la recherche d'une religiosité nouvelle pour le millénaire qui vient, montrent à la fois l'éclatement du religieux mais aussi une recherche d'intériorité. Ainsi s'explique le succès de certaines sectes et d'activités à l'étiquette floue du *Nouvel Âge*. Face à l'angoisse causée par l'absence du *sens de la vie*, puisque la place occupée par Dieu est vacante et que la modernité n'a pas tenu ses promesses de bonheur, les nouvelles religiosités présentent des systèmes de significations, simples et attirants, qui offrent des sécurités à leurs adhérents. Elles offrent aussi des pratiques qui font miroiter le succès et le *salut* comme guérison de l'âme et du corps et elles apportent une réponse à la solitude des contem-porains.

Cette réalité mouvante et incertaine du besoin d'intériorité et de transcendance constitue pour la foi

chrétienne une situation inédite qu'elle n'a jamais con-
nue dans son histoire et qui l'appelle, sans renier les
leçons du passé, à inventer. Mais sous le prétexte de la
recherche du spirituel, évitons de mépriser cyniquement
la raison. Le christianisme n'a pas à se ranger dans le
camp des gourous, des sorciers de l'irrationnel, des
faiseurs de «miracles», bref de tous ceux et celles qui,
sous prétexte de mystère ou même de religion, esqui-
vent le lent travail de la compréhension et du dialogue,
pour mieux dominer et manipuler autrui. Or dans le
contexte d'aujourd'hui, la foi chrétienne se doit de
trouver des expressions nouvelles et des moyens afin de
répondre aux attentes et aux besoins d'intériorité et de
spiritualité. En d'autres mots, la foi chrétienne doit
devenir plus authentique, plus intérieure, plus mystique.
Nous avons pourtant un riche héritage de prière, de
contemplation et de mysticisme à partager et à transmettre. Pourquoi les gens d'aujourd'hui frappent-ils à
d'autres portes pour trouver le *spirituel*? La foi chrétienne serait-elle devenue à ce point une étrangère?

Notre pastorale ne peut se limiter à assurer les
sacrements et l'eucharistie du dimanche qui n'ont de
sens que s'il y a un vécu évangélisé. Il est urgent pour
nos communautés chrétiennes de mettre en œuvre de
nouveaux types de services. Pourquoi ne pas offrir des
espaces de méditation, des écoles d'intériorité, des
centres de découverte et d'apprentissage de la vie spiri-
tuelle? La demande est là. Ne manquons pas de

présenter la foi chrétienne, non seulement comme une morale, mais plutôt comme une mystique et une spiritualité qui débouchent sur une véritable transformation et un épanouissement de l'être humain et de la société. Il ne faudrait pas cependant encourager le repliement sur la vie privée donnant une importance démesurée à l'épanouissement et au bien-être personnel. Il est nécessaire de s'ouvrir aux autres, de communiquer, d'être généreux. L'Évangile a beaucoup à donner à ceux et celles qui sont en quête de spiritualité. Le besoin d'intériorité et la recherche de spiritualité de nos contemporains sont devenus les nouveaux *pays de mission* où l'Évangile est appelé à prendre racine.

Conclusion

L'inculturation de l'Évangile au monde moderne est tout un défi. La culture moderne n'est pas nécessairement hostile à l'Évangile, mais elle se montre plutôt indifférente et parfois blasée, car elle ne voit pas ce qu'il peut bien lui apporter. La culture moderne véhicule certes des valeurs qui viennent du message chrétien, comme le respect de la personne, la liberté, le respect de la création, le souci d'améliorer les conditions de vie des plus démunis. Bien des traits des sociétés actuelles d'Occident ne se comprennent que par la référence à leur source chrétienne. Nous devons cependant reconnaître que la modernité stimule les chrétiens et les chrétiennes à partager avec elle son espérance, à regarder l'avenir avec confiance, à entretenir une sympathie toute évangélique pour le monde d'aujourd'hui tel qu'il est, dans ses réussites comme dans ses peurs.

Dans le vaste champ de la modernité, les chrétiens et les chrétiennes ont la mission de semer l'Évangile qui n'a pas encore déployé toutes ses virtualités et sa puissance de salut. La modernité recèle des pierres d'attente pour l'évangélisation. Elle peut reconnaître que la foi est une façon de vivre et de penser avec laquelle elle doit compter pour s'épanouir. Et la foi chrétienne, de son côté, doit apprendre à être moderne et à ne plus être ainsi une étrangère. Mais même si elle réussit à être chez elle dans la culture moderne, elle restera toujours une étrangère. Notre ancêtre dans la foi, Abraham, n'était-il pas un Araméen errant (*Deutéronome* 26,5) ? Ne sommes-nous pas les disciples d'un voyageur qui n'a pas eu de place à l'hôtellerie (*Luc* 2,7), qui est venu chez les siens qui ne l'ont pas reçu (*Jean* 1,11) et qui va même jusqu'à s'identifier à l'étranger hérétique, le Samaritain (*Luc* 10,29-37) ? Comme chrétiens et chrétiennes, nous sommes toujours des gens d'ailleurs et de passage, mais nous pouvons être à l'aise dans le pays d'adoption où nous vivons et y apporter beaucoup.

Plusieurs données actuelles sur la situation du christianisme d'ici peuvent nous amener à nous résigner à son déclin. Nous tentons bien de ralentir ce déclin par des efforts de restauration ou des initiatives de réaménagements pastoraux à courtes vues qui montrent que nous ne mettons pas notre espérance dans le Dieu révélé par Jésus de Nazareth. Edgar Morin, dans un article du journal *Le Monde* (21 avril 1993), donne pour objet à l'espérance l'*improbable*. C'est une affirmation qui nous fait réfléchir lorsqu'on la prend dans le contexte de la foi chrétienne. De fait l'improbable, à plus d'un moment de l'histoire, s'est accompli. Pensons à la fin de l'apartheid en Afrique du Sud, à la chute du mur de Berlin, à la visite récente de Jean-Paul II à Cuba. Qui aurait pu prévoir ces événements il y a vingt ans ? Aujourd'hui, il paraît improbable que nos communautés chrétiennes se rajeunissent et qu'elles se prennent en main, que nous retrouvions le sens du dimanche, que les chrétiens et chrétiennes soient heureux de croire, que la foi chrétienne inspire notre agir social et politique, que l'Église renouvelle ses ministères et ses institutions et qu'elle démocratise ses institutions. Il peut paraître improbable que l'Église d'ici connaisse un nouveau printemps. Pourtant avec l'espérance chrétienne, nous pouvons nous attendre à la réalisation de l'improbable[21].

Nous le savons dans la foi que ce ne sont pas les possibilités humaines encore inexploitées ni la seule

---

21. Christian Duquoc, «Signes d'espérance dans l'Église et la mission», dans *Spiritus*, 34, 1993, n° 132, p. 251-258.

logique des événements qui fondent l'espérance chrétienne, mais l'*inespéré* qui se joua à Pâques en Jésus qui
mourut sur la croix. N'oublions pas que Pâques ouvre
à l'Église et à toute l'humanité un nouvel avenir, car
l'unique Dieu vivant est celui qui, en Jésus, fait de la
mort, lieu du désespoir, le terrain d'où surgit la vie
nouvelle.

Si l'espérance n'était fondée que sur nos possibilités,
l'improbable serait sans cesse différé. Mais le Dieu de la
nouveauté et de l'inattendu fait surgir l'improbable dans
notre monde et il l'atteste dans le signe qu'il nous
donne : un tombeau ouvert où la mort est vaincue pour
toujours. L'inespéré surgit dans cette victoire sur la
mort injuste du Crucifié du Golgotha. Depuis Pâques,
l'inespéré est le fruit de l'Esprit Saint qui nous est
donné. Et l'Esprit Saint, c'est le Dieu des commence-
ments et des recommencements qui étonne et surprend
toujours en accom-plissant plus que ce que nous osons
attendre.

Si nous mettons notre confiance en Dieu qui a ressuscité Jésus, nous ne pouvons pas nous contenter de
ralentir le déclin de la foi chrétienne. Au contraire, en
étant présents de façon lucide et critique aux enjeux qui
mobilisent notre société, en nous mettant du côté de
ceux et celles qui souffrent, en nous préoccupant plus
de la cause de l'Évangile que de la survie de nos institutions, nous pouvons contribuer à faire entendre dans
des mots nouveaux le message libérateur de Jésus

de Nazareth et faire surgir de nouvelles réalisations d'Église. Cet inespéré se réalisera, mais à la condition de vivre la spiritualité de l'Exode et celle de Pâques, la spritualité du *passage*. En refusant de changer ou de faire les passages nécessaires, une institution, fût-elle vénérable, en vient à contredire ce qui faisait sa raison d'être.

La modernité n'est donc pas nécessairement une menace pour la foi chrétienne, mais une chance qui lui est offerte pour atteindre un déploiement inédit. Nous avons parfois l'impression que l'Évangile est une réalité bien fragile et qui ne peut changer grand-chose à l'avancement et la domination de la modernité. Mais l'Évangile n'est-il pas cette semence, la plus petite de toutes, qui peut germer dans le champ de la culture moderne où vivent les chrétiens et les chrétiennes ? La germination ne se fera pas sans faire craquer le sol dur de la modernité, car l'Évangile opère toujours des remises en question, mais il en sortira un grand arbre « si bien que les oiseaux du ciel viendront faire leurs nids dans ses branches » (*Matthieu* 13,32). C'est alors que la foi chrétienne ne sera plus cette étrangère mise à l'écart et mal à l'aise dans notre monde moderne, mais elle sera tellement de chez nous que nous ne pourrons plus vivre sans elle.

Pour poursuivre la réflexion

Christianisme et modernité: le choc, RND Revue Notre-Dame, février 1998.

CENTRE THOMAS MORE, *Christiamisme et modernité*, Paris, Cerf, 1990.

CÔTÉ, Richard G., *Re-Visioning Mission*. The Catholic Church and Culture in Postmodern America, New York/Mahwah, N. J., Paulist Press, 1996.

HERVIEU-LÉGER, Danièle, *Vers un nouveau christianisme?* Introduction à la sociologie du christianisme occidental, Paris, Cerf, 1986.

—, *La religion pour mémoire*, Paris, Cerf, 1993.

LAFONT, Ghislain, *Imaginer l'Église catholique* (coll. *Théologies*), Paris, Cerf, 1995.

La modernité en débat, *Concilium*, 244 (1992).

POULAT, Émile, *L'ère postmoderne*, Paris, Flammarion, 1994; *Où va le Christianisme?* À l'aube du IIIe millénaire, Paris, Plon/Mame, 1996.

SCHLEGEL, Jean-Louis, *Religions à la carte*, Paris, Hachette, 1995.

TAYLOR, Charles, *Grandeur et misère de la modernité*, Montréal, Bellarmin, 1992.

—, *Les sources du moi*. La formation de l'identité moderne, Montréal, Boréal, 1998.

Le temps des religions sans Dieu, numéro spécial de la revue *Esprit*, juin, 1997.

La théologie en postmodernité (sous la direction de Pierre GISEL et Patrick EVRARD), Genève, Labor et Fides, 1996.

VALADIER, Paul, *L'Église en procès*, Paris, Flammarion, 1991.

VIRGOULAY, René, *Les courants de pensée du catholicisme français*. L'épreuve de la modernité, Paris, Cerf, 1985.

Table des matières